BEI GRIN MACHT SICH IHR WISSEN BEZAHLT

- Wir veröffentlichen Ihre Hausarbeit,
  Bachelor- und Masterarbeit

- Ihr eigenes eBook und Buch -
  weltweit in allen wichtigen Shops

- Verdienen Sie an jedem Verkauf

**Jetzt bei www.GRIN.com hochladen
und kostenlos publizieren**

Das "Big Five-Modell" im Gegensatz zum "DISG-Modell", die "Dunkle Triade" im Führungskontext und Intelligenz und ihre Messung

Andrea Schmid

Bibliografische Information der Deutschen Nationalbibliothek:

Die Deutsche Nationalbibliothek verzeichnet diese Publikation in der Deutschen Nationalbibliografie; detaillierte bibliografische Daten sind im Internet über http://dnb.d-nb.de abrufbar.

ISBN: 9783346916402
Dieses Buch ist auch als E-Book erhältlich.

Einsendearbeit

SRH Fernhochschule

Modul: Persönlichkeitspsychologie – Alternative A

Studiengang: B. Sc. Psychologie

Verfasserin: Andrea Schmid

Datum der Abgabe: 09.07.2023

Inhaltsverzeichnis

Abbildungsverzeichnis

Abkürzungsverzeichnis

Abbildungsverzeichnis

Abkürzungsverzeichnis

g-Faktor = Generalfaktor der Intelligenz

IQ = Intelligenz-Quotient

MI = Multiple Intelligenzen

s-Faktor = Spezifischer Begabungsfaktor

1 Das Big Five-Modell im Vergleich zum DISG-Modell in Personalauswahl und Personalentwicklung

1.1 Begriffsbestimmung „Persönlichkeit"

Persönlichkeit ist die Gesamtheit aller nichtpathologischer und überdauernder Persönlichkeitseigenschaften; die individuellen Besonderheiten in der körperlichen Erscheinung; die Regelmäßigkeiten des Verhaltens und Erlebens, in denen sich jemand von Gleichaltrigen derselben Kultur unterscheidet und die einzigartige Anpassung des Menschen an seine Umwelt. (Allport, 1959; zitiert nach Kraus & Kreitenweis, 2020, S. 123; Asendorpf, 2018, S. 8; Laux, 2015, S. 177). Persönlichkeit ist somit die individuelle Weise, wie Personen agieren, interagieren und reagieren (Kraus & Kreitenweis, 2020, S. 123) bzw. was das „Seelenleben" eines Menschen ausmacht und prägt. (Wienkamp, 2021, S. 40). Persönlichkeit ist zum größten Teil in unseren Genen verankert, wird aber auch durch z. B. die Lebenserfahrung geprägt und ist somit veränderbar. (Kraus & Kreitenweis, 2020, S. 123; Schmidt-Atzert, Krumm & Amelang, 2021, S. 303).

Persönlichkeit ist im Rahmen der Personalkompetenz von großer Bedeutung, beschreibt sie doch das Zusammenspiel von bewussten und unbewussten Vorgängen, emotionalen und motivationalen Prozessen als auch das zielgerichtete Verhalten und eine psychodynamische Entwicklung. (Marquardt, S. 2020, S. 52; Wienkamp, 2021, S. 40). Wenn sich Menschen in Führungspositionen mit Persönlichkeitstypologie auseinandersetzen, ist dies ein wichtiges Hilfsmittel zur Selbstanalyse. Zudem können sie sich besser in ihre Mitarbeitende hineinversetzen und sie verstehen. Dies wirkt sich positiv auf die Eignungsdiagnostik, die Personalbeurteilung und Personalauswahl aus. (Jung, 2014, S. 8).

1.2 Big Five-Modell der Persönlichkeit

Die Sedimentationshypothese geht davon aus, dass sich alle wichtigen Persönlichkeitseigenschaften in der Sprache widerspiegeln. Mit Hilfe dieses lexikalischen Ansatzes, konnten einige wenige Wörter extrahiert werden, die Persönlichkeit über Kulturen hinweg umfassend beschreiben. (Asendorpf, 2018, S. 21-25). Die resultierenden und weitgehend voneinander unabhängigen fünf „Wörter" (Faktoren) Neurotizismus, Extraversion, Offenheit, Gewissenhaftigkeit und Verträglichkeit bilden den Big Five. Zu verstehen sind die fünf Faktoren nicht als Persönlichkeitstypen sondern als bipolare Kontinuen, in die sich Menschen einordnen lassen. (Asendorpf & Neyer, 2018, S. 108-109). Die Dimensionen sind voneinander unabhängig, zeitlich stabil und in jedem Kulturkreis anwendbar. (Kraus & Kreitenweis, 2020, S. 124-125).

Im Akronym OCEAN werden die fünf Hauptdimensionen des Big Five zusammengefasst: Openess, Conscientiousness, Extraversion, Agreeableness und Neuroticism. (Kraus & Kreitenweis, 2020, S. 124-125).

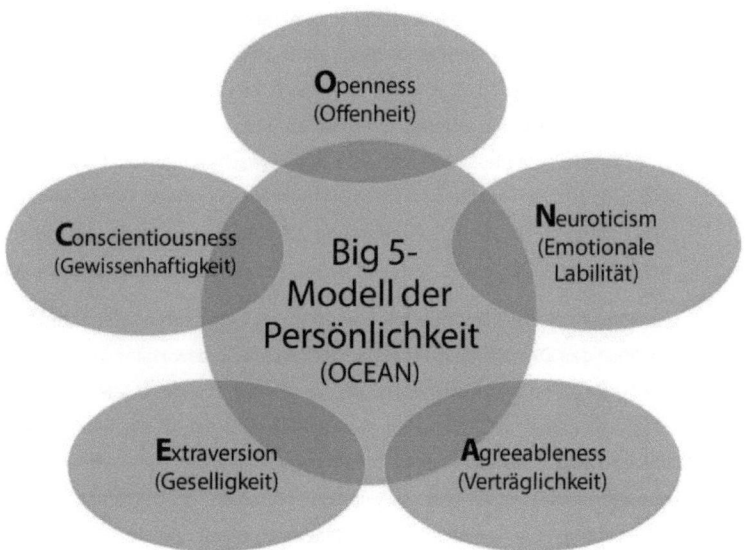

Abb. 1: Das Big Five Modell der Persönlichkeit. (Kraus & Kreitenweis, 2020, S. 124).

Menschen mit hohen Werten bei Openess (Offenheit) machen gerne neue Erfahrungen, mögen die Abwechslung, sind wissbegierig, kreativ, phantasievoll und unabhängig in ihrer Meinung. Sie interessieren sich für verschiedene Kulturen und öffentliche Ereignisse. Die Skala des Conscientiousness (Gewissenhaftigkeit) unterscheidet ordentliche, zuverlässige, hart arbeitende, disziplinierte, pünktliche, penible, ehrgeizige und systematische Menschen von eher leichtsinnigen, nachlässigen und gleichgültigen. Gesellige, aktive, gesprächige, herzliche, optimistische und heitere Menschen haben hohe Werte auf der Skala der Extraversion. Sie lieben die An- und Aufregung. Hohe Werte bei der Agreeableness (Verträglichkeit) zeigen altruistische, mitfühlende, verständnisvolle und wohlwollende Menschen, die zu zwischenmenschlichem Vertrauen, zu Kooperation, zu Nachgiebigkeit und Harmonie neigen. Die Skala des

Neuroticism (Emotionale Labilität) bildet Personen ab, die nervös, ängstlich, traurig, unsicher und verlegen sind. Sie machen sich Sorgen um ihre Gesundheit, haben unrealistische Ideen und sind kaum in der Lage, ihre Bedürfnisse zu kontrollieren und mit Stress adäquat umzugehen. (Kraus & Kreitenweis, 2020, S. 125). Im Gegensatz zur Dimension N sind in den ersten vier Dimensionen (OCEA) hohe Werte sozial erwünscht; niedrige unerwünscht. (Asendorpf, 2018, S. 28).

Die bekanntesten Standard-Persönlichkeitsfragebögen der Big Five sind der NEO-FFI und der NEO-PI-R, auch wenn sie nicht im Ganzen auf dem lexikalischen Ansatz basieren. (Becker, 2003a, S. 328-329; Stemmler, Hagemann, Amelang & Spinath, 2016, S. 295). Der NEO-PI-R von Costa und McCrae enthält die fünf Domänen mit jeweils sechs Facetten. Jede Facette ist in eine Skala mit acht Items repräsentiert. Insgesamt sind 240 Fragen zu beantworten. (Asendorpf, 2019, S. 71; Becker, 2003a, S. 328-329). Daraus können sich über eine Milliarde möglicher Persönlichkeitsprofile ergeben. (Asendorpf, 2018, S. 27).

1.2.1 Anwendbarkeit des Big Five-Modell in Personalauswahl und Personalentwicklung

An Menschen werden im Berufsleben besondere Anforderungen gestellt. Oft reicht es nicht aus, sich in der Norm zu bewegen, sondern braucht es besondere Eigenschaften und Talente. (Wienkamp, 2021, S. 39-40). Das Modell des „Big Five" ist in der Berufseignungsdiagnostik und in der Wirtschaft populär, da es einen erheblichen Teil der Gesamtpersönlichkeit definiert, misst und abbildet. (Wienkamp, 2021, S. 40-41).

Die fünf Persönlichkeitsdimensionen stehen nur zum Teil in Zusammenhang mit dem beruflichen Kontext. So können beispielsweise bei Führungskräften, die hohe Werte bei „Extraversion" haben, Zusammenhänge zu Arbeitsleistung, Arbeitszufriedenheit und erzieltem Einkommen gesehen werden. Auch wurden Zusammenhänge zwischen „verträglichen" Personen und starken Leistungswerten erkannt. (Marquardt, 2020, S. 53-54). Nach Marquardt (2020) steht die Ausprägung der Big Five in einem deutlichen Zusammenhang mit Personalkompetenz. (Marquardt, S. 2020, S. 54). Nach Kanning (2019) zeigen Metaanalysen jedoch, dass nur ein geringer Zusammenhang zwischen Big Five und der beruflichen Leistung besteht. (S. 97).

1.2.2 Wissenschaftlichkeit des Big Five-Modells anhand der klassischen Gütekriterien

Die klassischen Gütekriterien wissenschaftlicher Untersuchungen sind die Objektivität (in Durchführung, Auswertung und Interpretation), die Reliabilität (Zuverlässigkeit einer Messmethode) und die Validität. (Asendorpf, 2019, S. 57; Bosley & Kasten, 2016, S. 7; Neyer & Asendorpf, 2018, S. 89; Reinhardt & Ornau, 2021, S. 17). Die Validität (Gültigkeit) ist nach Reinhardt & Ornau (2021) das wichtigste Messkriterium. (S. 17).

Die Durchführungs- und Auswertungsobjektivität ist aufgrund der hohen Standardisierung der Persönlichkeitsfragebogen und der informativen bzw. verständlichen Anweisungen gewährleistet. Die gute Vorstellung von Anleitungen und Interpretationshilfen sichert die Interpretationsobjektivität. (Andresen & Beauducel, 2008, S. 543; Becker, 2003b, S. 334-335). Persönlichkeitsfragebogen verfügen über eine befriedigende Reliabilität. (Becker, 2003b, S. 334-335). Sieht man von einigen Ungenauigkeiten (z. B. bei Kulturunterschieden) ab, sehen Andresen & Beauducel (2008) die Reliabilität des Big Five als gesichert an. (S. 544). Verallgemeinernde Aussagen zur Validität von Persönlichkeitsfragebogen können nicht getroffen werden, doch haben sie sich in zahlreichen Studien bewährt. (Andresen & Beauducel, 2008, S. 544; Becker, 2003b, S. 334-335). Für Schuler (2014) stellt der NEO-PI-R, trotz seiner Länge, den „Prototyp eines wissenschaftlich aufwendigen und sorgfältig konstruierten Persönlichkeitstest" dar. (S. 188). Haupteinsatz ist der persönlichkeitspsychologische und der personalpsychologische Zweck. (Schuler, 2014, S. 188).

Nach Asendorpf (2018) fehlen dem Big Five wichtige Persönlichkeitseigenschaften wie Intelligenz, soziale Kompetenz, Sportlichkeit oder Musikalität. Diese werden auch durch die Kombination der Big-Five-Dimensionen nicht erfasst. Auch werden Einstellungen, Wertehaltungen oder Religiosität nicht gut abgebildet; ganz fehlen gesundheitsbezogene Eigenschaften. (S. 28-29).

1.3 DISG-Modell

William Marston stellte fest, dass sich Menschen in zwei Hinsichten unterscheiden: Sie nehmen ihre Umwelt als freundlich oder feindlich wahr und sie schätzen sich gegenüber ihrer Umwelt als stärker oder schwächer ein. (Jung, 2014, S. 43). Basierend auf den Forschungen von Marston entwickelte der Amerikaner John Geier 1958 die Urform des DISG-Persönlichkeitsprofils. (Jung, 2014, S. 43). Dieses erfasst die vier

Persönlichkeitsmerkmale Dominanz, Initiative, Stetigkeit und Gewissenhaftigkeit (DISG),
die in einem zweiachsigen Vierquadranten-Modell dargestellt werden können. (Becker
& Zwank, 2021, S. 26; Gay, 2016, S. 9).

Wahrnehmung des Umfelds als...	Wahrnehmung der eigenen Person als...	Reaktion bzw. Verhaltenstendenz (dt. Beschreibung gem. Fragebogen, Fassung 2004)
Unangenehm/feindlich/negativ	Stärker als das Umfeld	**Dominanz** (Aktiv und entschlossen)
	Schwächer als das Umfeld	**Gewissenhaftigkeit** (Diszipliniert und besorgt)
Angenehm/freundlich/positiv	Stärker als das Umfeld	**Initiative** (Gesprächig und offen)
	Schwächer als das Umfeld	**Stetigkeit** (Unterstützend)

Abb. 2: Vier Typen menschlicher Reaktion beim DISG-Persönlichkeitsprofil. (Hossiep &
Mühlhaus, 2005, S. 71).

Der dominante Typ ist geprägt von extravertiertem und aufgabenorientiertem Verhalten.
Sein Ziel: Widerstände überwinden, um Ergebnisse zu erzielen. (Jung, 2014, S. 44). Er
nimmt Herausforderungen an, bringt Dinge ins Rollen, beansprucht Autorität und
übernimmt die Kontrolle, bzw. die Verantwortung. Für ihn steht die Effektivität, die
Unabhängigkeit und das Streben nach dem Sieg im Vordergrund. Er stellt bestehende
Zustände in Frage, braucht neue und abwechslungsreiche Aufgaben, um sich zu
entfalten. Er nutzt die Gelegenheit für persönliche Leistungen, Erfolge und den
beruflichen Aufstieg. Dabei ist er oft unsensibel, anspruchsvoll und wenig teamfähig.
(Gay, 2016, S. 44-45; Jung, 2014, S. 44)

Der initiative Typ ist extravertiert und menschenorientiert. Er fühlt sich in Gruppen wohl,
knüpft gerne Kontakte, ist hilfsbereit und schafft eine motivierende (Arbeits)-
Atmosphäre. Sein Ziel ist es, andere Menschen mit einzubinden, um Ergebnisse zu
erzielen. Er ist sehr beliebt, kommunikativ, äußert seine Meinung frei und setzt auf
gleichberechtigte und freundschaftliche Beziehungen. Dabei ist er sehr redefreudig, zu
impulsiv und oft nicht konsequent. (Gay, 2016, S. 46-47; Jung, 2014, S. 44).

Der stetige Typ verhält sich menschenorientiert und introvertiert. Sein Ziel ist es, mit
anderen zusammenzuarbeiten, um Ergebnisse zu erzielen. Er ist geduldig, auf
Sicherheit bedacht, zuverlässig, loyal und konzentriert. Er konzentriert sich auf seine
Aufgaben, entwickelt spezialisiertes Wissen und ist durch seine ruhige Art ein guter

Zuhörer. Er hält vorgegebene Arbeitsabläufe ein und schätzt echte Wertschätzung und minimale Beeinflussung der Privatsphäre durch den Beruf. Er ist aber auch unentschlossen, zu nachsichtig und hält Termine nicht ein. (Gay, 2016, S. 48-49; Jung, 2014, S. 44).

Der gewissenhafte Typ ist introvertiert und aufgabenorientiert. Sein Ziel: Kommunikation, um Konsequenzen abschätzen zu können. Er folgt Anweisungen und Normen, konzentriert sich auf Details, schätzt geregelte (Arbeits-)Bedingungen und ordnet sich Autoritäten unter. Er ist diplomatisch, genau, kritisch, ausdauernd und arbeitet gerne in Gruppen. Er arbeitet gerne in einer behüteten Umgebung, braucht Bestätigung und kann nur schwer mit plötzlichen Veränderungen umgehen. Er ist oft pessimistisch, empfindlich und kann schlecht delegieren. (Gay, 2016, S. 50-51, S. 59; Jung, 2014, S. 44-45).

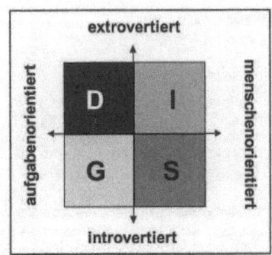

Abb. 3: 2-Achsen-Modell nach Marston. (Jung, 2014, S. 45).

1.3.1 Anwendbarkeit des DISG-Modells in Personalauswahl und Personalentwicklung

Seit 1990 ist das Persönlichkeitsmodell auf dem deutschen Markt präsent (Jung, 2014, S. 43) und wird hauptsächlich zur Selbsterfahrung, in der Personalentwicklung sowie für Schulungs- und Beratungszwecke im beruflichen Kontext eingesetzt. (Gay, 2016, S. 141; Hossiep & Mühlhaus, 2005, S. 71). Das DISG kann sowohl im persönlichen als auch im beruflichen Bereich eingesetzt werden. Für die Personalentwicklung ist es für die Teambildung, die Lösung zwischenmenschlicher Konflikte, die Karriereplanung und die Auswahl und den Einsatz von Mitarbeitenden sinnvoll. (Gay, 2016, S. 140).

Der DISG-Test wurde nach wissenschaftlichen Studien entwickelt, ist schnell durchzuführen, frei zugänglich und für Beteiligte unterhaltsam dargeboten. Die Aufbereitung ist praxisorientiert, selbstanleitend, selbstauswertend und selbsterklärend. Veröffentlichungen zum Verständnis des DISG sind sehr zahlreich verfügbar. (Gay, 2016,

S. 139-140; Hossiep & Mühlhaus, 2005, S. 72). Das DISG-Profil verursacht geringe Kosten und kann in Unternehmen ohne Probleme mit 100 Personen durchgeführt werden. (Gay, 2016, S. 140). Die zahlenmäßige und visuelle Auswertung erfolge direkt im Anschluss an die Selbstanalyse in wertschätzenden und einfachen Worten. (Gay, 2016, S. 139-140). Bei der Auswertung können sich die meisten Menschen in einem, zwei bzw. höchstens drei der Verhaltensstile wiederfinden, doch sind alle Menschen „Mischtypen" in unterschiedlicher Kombination und Ausprägung.

Das System ist weitaus komplexer als die vier Dimensionen DISG vermuten lassen: durch die Kombinationsmöglichkeiten kann es bis zu 20 verschiedene Mischformen geben. (Hossiep & Mühlhaus, 2005, S. 73; Jung, 2014, S. 45). Eine große inhaltliche Tiefe ist nur bedingt möglich, so dass von Auswahl- und Platzierungsfragen bei Personalentscheidungen abzuraten ist. (Hossiep & Mühlhaus, 2005, S. 72). Aus diesem Grund sollte der DISG bei der Personalentwicklung nur in Kombination mit anderen Testmethoden eingesetzt werden. (Becker & Zwank, 2021, S. 28; Hossiep & Mühlhaus, 2005, S. 72).

1.3.2 Wissenschaftlichkeit des DISG-Modells anhand der klassischen Gütekriterien

Durchführungs- und Auswertungsobjektivität sind durch schriftliche Anleitungen im Fragebogen gegeben. Die Interpretationsobjektivität ist durch 20 normierte Profilkombinationen im Fragebogen gewährleistet. (Hossiep & Mühlhaus, 2005, S. 75). Mit dem Kaplan-Report, konnte die Validität des DISG-Persönlichkeitsprofils anhand anerkannter Persönlichkeitstests, wie beispielsweise dem Wechsler Adult Intelligent Scale (WAIS), nachgewiesen werden. Diese Tests haben sowohl eine Vorhersage-Validität als auch eine Konstrukt-Validität. (Gay, 2016, S. 138; Hossiep & Mühlhaus, 2005, S. 75). Becker & Zwank widersprechen dieser Behauptung: die Validität sei nicht gesichert, da sich Validitätsstudien auf ein normatives Format stützen, während der Test auf iopsativem Datenmaterial beruhe. Die Validierung in Bezug auf berufsrelevante Kriterien fehle ganz. (Becker & Zwank, 2021, S. 28). Die Reliabilität ist mit .82 bis .92 und mit .82 beim Re-Test nach 40 Tagen gewährleistet. Daraus ist zu schließen, dass das Ergebnis des DISG-Persönlichkeits-Profils bei den meisten Menschen stabil ist. (Gay, 2016, S. 141; Hossiep & Mühlhaus, 2005, S. 75).

2 Dunkle Triade

2.1 Begriffsbestimmung „Dunkle Triade der Persönlichkeit"

James Bond als 007 verkörpert perfekt das, was Psychologen unter der „Dunklen Triade" verstehen: er hat makellose Umgangsformen und weiß sich in jeder Situation perfekt zu benehmen. Er ist höflich, charmant und gewinnend. Doch ist er auch ohne Anstand, ohne erkennbare Moral und bricht Frauenherzen in Reihe. Der Geheimagent ist manipulativ, machthungrig und selbstverliebt. James Bond ist die faszinierende, verlockende und schillernde – aber auch gefährliche - Kombination aus drei subklinischen Persönlichkeitsmerkmalen: Narzissmus, Machiavellismus und Psychopathie. (Externbrink & Keil, 2018, S. 3; Jacobs, 2022, S. 7).

Die drei Persönlichkeitseigenschaften sind gut unterscheidbar und eigenständig. Sie haben aber einen gemeinsamen, dunklen und unethischen Kern. (Krasko & Kaiser, 2023, S.2; Schiemann & Jonas, 2020, S. 252-253). Charakterzüge der Dunklen Triade sind Unverträglichkeit, Manipulation, Unehrlichkeit und Selbstgefälligkeit, Gefühllosigkeit, Machtmotiv und Soziale Dominanzorientierung. (Jacobs, 2022, S. 12; Krasko & Kaiser, 2023, S.1; Schmidt-Atzert, Krum & Amelang, 2021, S. 307).

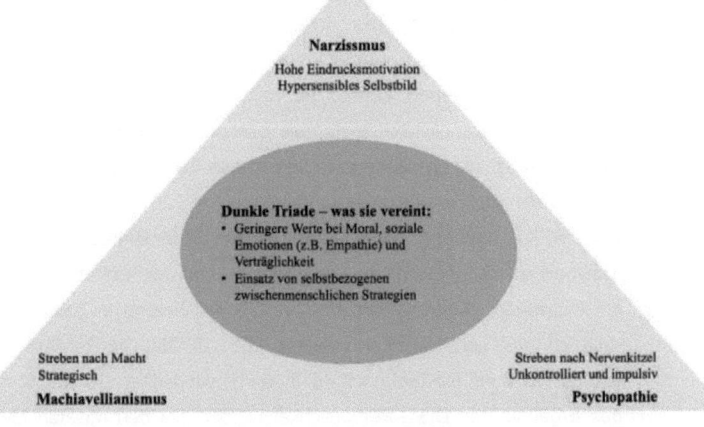

Abb. 4: Dunkle Triade: Gemeinsame und distinktive Merkmale von Narzissmus, Machiavellismus und Psychopathie. (Schiemann & Jonas, 2020, S. 252).

Für Finckler (2017) handelt es sich bei der Dunklen Triade um ein Persönlichkeitskonstrukt von düsteren, menschlichen Eigenschaften, die in einer rechtsstaatlichen Gesellschaft nicht erwünscht aber vorhanden sind und teilweise als „normal" gelten. (S. 26). Jeder Mensch trägt die Eigenschaften des Narzissmus (6% der Bevölkerung), des Machiavellismus (hier liegen keine Daten vor) und der Psychopathie (1% der Bevölkerung) in unterschiedlicher Ausprägung in sich. (Jacobs, 2022, S. 12; Kauffeld, Ianiro-Dahm & Sauer, 2019, S. 110). Die Ausprägungen liegen in manchen gesellschaftlichen Bereichen, wie beispielsweise in Führungspositionen sehr viel höher. (Finckler, 2017, S. 28). Tritt die Dunkle Triade bei Führungskräften auf, hat dies einen negativen Einfluss auf die Arbeitsleistung von Mitarbeitenden und kann dem Unternehmen immens schaden. (Externbrink & Keil, 2018, S. 3; Jacobs, 2022, S. 7; Kauffeld, Ianiro-Dahm & Sauer, 2019, S. 109).

2.2 Führungspersönlichkeit mit Eigenschaften der Dunklen Triade

2.2.1 Narzisstische Führungspersönlichkeit

Der subklinische Narzissmus beschreibt einen Menschen voller Selbstverliebtheit und Egoismus. Narzissten zeichnen sich durch ein überdurchschnittliches Machtstreben aus und fordern ein hohes Maß an Anerkennung und Bewunderung durch andere. Von ihren Kollegen und Mitmenschen erwarten sie viel, doch bringen sie nur wenig Verständnis und Mitgefühl für sie auf. Sie dominieren ihre Mitarbeitende und instrumentalisieren sie zu ihren Zwecken. Ihre eigenen Leistungen schätzen sie vorteilhafter ein als sie tatsächlich sind. Sie sind überdurchschnittlich egoistisch und verteidigen hypersensibel ihr Selbstbild. Feedback und Kritik nehmen sie als Beleidigung und Bedrohung wahr und sind nicht bereit, ihr Verhalten zu überdenken, zu verändern oder zu verbessern. Weißt eine Person hohe narzisstische Tendenzen auf, ist es wahrscheinlich, dass auch die Tendenzen Machiavellismus und Psychopathie hoch sind. (Jacobs, 2022, S. 10; Schiemann & Jonas, 2020, S. 252-253; Schuler, 2014, S. 114).

2.2.2 Machiavellistische Führungspersönlichkeit

Machiavellisten streben nach Macht, Reichtum und Ruhm. Eigene Ziele und Interessen stehen an oberster Stelle. Moralische Werte werden nicht beachtet oder nur dann gezeigt, wenn sie von Nutzen sind. Der Machiavellist kann Menschen ohne deren Wissen stark beeinflussen, um den größtmöglichen Nutzen für sich selbst zu ziehen. Er kann gegenüber anderen Menschen keine Zuneigung empfinden, hat geringe ideologischen Bindungen und Moralvorstellungen. Gezeigtes diplomatisches Verhalten ist eine typische machiavellistische Vorgehensweise, um die eigenen Ziele zu erreichen. Er setzt Betrug, Lügen oder Manipulation ohne Rücksicht auf andere ein. (Jacobs, 2022, S. 10; Schuler, 2014, S. 115).

2.2.3 Psychopathische Führungspersönlichkeit

Für Finckler (2017) ist die Psychopathie das dunkelste der drei Merkmale. (S. 27). Menschen mit einer subklinischen Psychopathie sind rücksichtslos, haben keine Schuldgefühle und keine Angst vor Bestrafung. Sie missachten bestehende Regeln, haben eine starke Affinität zu antisozialem Verhalten und eine verminderte Affinität zu prosozialem Verhalten. Sie lieben den Nervenkitzel, sind impulsiv, risikofreudig und aggressiv. Angst vor neuen Aufgaben und Zielen haben sie nicht. Dies wirkt sich meist positiv in Führungspositionen aus, da sie dies zum erwünschten Aufstieg führt. (Jacobs, 2022, S. 10-11; Schiemann & Jonas, 2020, S. 253). Andere Menschen sind für den Psychopathen „Mittel zum Zweck". Im beruflichen Kontext zeigt sich psychopathisches Verhalten durch Akte wie Mobbing, Feindseligkeit, Misstrauen und kontraproduktives Verhalten. (Kleinhenz, 2016, S. 21; Schuler, 2014, S. 116).

Alle drei Persönlichkeitsmerkmale haben die niedrige soziale Verträglichkeit gemeinsam: sie sind rücksichtslos, täuschen andere und sind nicht gewillt, Regeln und moralische Prinzipien einzuhalten. (Finckler, 2017, S. 28). Sie stellen ihr eigenes Wohl über das der anderen und sind emotional kalt, selbstgerecht und egoistisch. (Finckler, 2017, S. 26). Im klinischen Sinne sind sie nicht auffällig und spüren keinen Leidensdruck. Oft kommen sie hinsichtlich der beruflichen Karriere weiter als andere Menschen, doch zeigen Studien auch, dass Menschen mit Persönlichkeitsmerkmalen der Dunklen Triade nicht per se beruflich erfolgreich sind: Narzissmus korreliert nicht und andere Persönlichkeitsmerkmale nur schwach mit beruflichem Erfolg. Machiavellismus und Narzissmus korrelieren positiv, Psychopathie gering mit kontraproduktivem Verhalten im Beruf. (Kauffeld, Ianiro-Dahm & Sauer, 2019, S. 110; Schmidt-Atzert, Krum & Amelang, 2021, S. 307.)

Kruse (2016) nimmt an, dass Psychopathen ihr wahres Gesicht vor anderen Menschen verbergen müssen, um sozial akzeptiert zu werden. Dies verlange eine hohe Kraftanstrengung und fördere Erschöpfungszustände. Dies kann sich negativ auf Arbeitsleistung und Arbeitszufriedenheit auswirken. (S. 29-39).

Führungspersönlichkeiten der Dunklen Triade machen oft eine steile Karriere. „Oben" angekommen, handeln sie oft unethisch, treffen fragwürdige Entscheidungen und versagen, obwohl große Stücke auf sie gehalten wurden. (Externbrink & Keil, 2018, S. 45). Die Führungskräfte scheitern nach Externbrink & Keil (2018) an ihren Führungsaufgaben und an der Mitarbeiterführung. Dies führt zu großen finanziellen Schäden, zerstörten Arbeitsstrukturen und der gesundheitlichen Gefährdung von Mitarbeitenden. (S. 46).

2.3 Auswirkungen auf das Unternehmen und dessen Mitarbeitenden

Während von Mitarbeitenden ethische Persönlichkeitswerte erwartet werden, ist dies bei Führungskräften oft nicht so. Die Hauptaufgabe der Führungskräfte scheint die Zielerreichung ohne Rücksicht zu sein. (Jacobs, 2022, S. 15). Für Jacobs (2022) werden Menschen mit stark ausgeprägten Charaktereigenschaften der Dunklen Triade bevorzugt eingestellt und kommen leichter in Führungspositionen, da ihre Charaktereigenschaften anfänglich als für die Karriere förderlich betrachtet werden und sie für gute Führungskräfte gehalten werden. (S. 13). Erst im weiteren Verlauf erscheinen sie als eher gefährlich und schädlich. (Jacobs, 2022, S. 13; Kauffeld, Ianiro-Dahm & Sauer, 2019, S. 110; Schiemann & Jonas, 2020, S. 251, 254). Die schlechte Arbeitsatmosphäre, die niedrige Produktivität, die schlechte Kundenbindung und die hohe Fluktuationsrate fügen dem Unternehmen einen hohen – nicht nur finanziellen – Schaden zu. (Jacobs, 2022, S. 14-15; Schiemann & Jonas, 2020, S. 254-255).

2.4 Ausschlussmethoden der Dunklen Triade bei der Personalauswahl

Es ist möglich, sich bei Auswahlprozessen für Führungskräfte an den Standards guter psychologischer Diagnostik zu bedienen, um Menschen der Dunklen Triade auszuschließen. Eine Herausforderung ist dabei, Menschen mit hoher Leistungs- und

Führungsmotivation nicht zu verlieren. Vor allem zu achten ist auf die Personalverantwortlichen, die oft Menschen der Dunklen Triade einstellen, wenn sie selbst auch diese Persönlichkeitsmerkmale aufweisen. (Externbrink & Keil, 2018, S. 67).

Neben verschiedenen Methoden im Bewerbungsprozesses und dem Einsatz von Persönlichkeitstest kann eine verantwortungsvolle Unternehmenskultur die Motivation, Zusammenarbeit und Zufriedenheit von Mitarbeitern beeinflussen. (Schiemann & Jonas, 2020, S. 258). Eine vorgelebte ethische Wertekultur von Mitarbeitenden und Führungspersonen führt zu vermehrt ethischem Verhalten, weniger Fehlverhalten und einer positiven Einstellung gegenüber dem Unternehmen. (Schiemann & Jonas, 2020, S. 257-258). Die Personalkompetenz kann durch Coaching unterstützt und weiterentwickelt werden, um Menschen zu befähigen, sich selbst zutreffend einzuschätzen sowie Bedingungen zu schaffen, um sich im Rahmen der Arbeit zu entwickeln, die eigene Begabung, Motivation und Leistungsfähigkeit zu entfalten. (Marquardt, 2020, S. 16; Schiemann & Jonas, 2020, S. 255).

2.4.1 Methoden im Bewerbungsprozess

Bereits im Bewerbungsprozess können Weichen gestellt werden, um Menschen mit hohen Persönlichkeitsmerkmalen der Dunklen Triade auszuschließen. Es bedarf einer ethischen Personalselektion (Jacobs, 2022, S. 20), um entgegen dem Motto „Gleich und Gleich gesellt sich gern" zu handeln und „eine Kultur von „geklonten Führungskräften und Managern"" zu verhindern. (Finckler, 2017, S. 29).

Das Interesse an einer ethischen Personalselektion ist gestiegen, doch mangelt es an geeigneten Auswahlinstrumenten, die Persönlichkeitsmerkmale der Bewerber identifizieren. (Jacobs, 2022, S. 22). Auswahlverfahren wie beispielsweise Bewerbungsunterlagen, Bewerberinterviews und Assessment Center geben nur ein bedingt objektives Bild des Bewerbers und keine Informationen zu Persönlichkeitsmerkmalen der Dunklen Triade. (Jacobs, 2022, S. 22).

Schon die Vorselektion der Bewerber durch Bewerbungsunterlagen ist fehleranfällig, da Qualifikation und Persönlichkeit des Bewerbers oftmals falsch eingeschätzt und interpretiert werden. (Jacobs, 2022, S. 23). Die Aussagekraft eines Bewerberinterviews ist oftmals eingeschränkt, da sich der Bewerber auf die meist standardisierten Fragen vorbereiten kann: aufgrund der guten Selbstpräsentation verstärkt sich die Gefahr, einen Narzissten, Machiavellisten oder Psychopathen einzustellen. (Jacobs, 2022, S. 24-25).

Assessment Center können bessere Einblicke in die Persönlichkeit einen Menschen geben, da in Rollensimulationen oder Fallstudien charakteristische Arbeitssituationen und Aufgabenfelder nachgestellt werden. (Jacobs, 2022, S. 26). Die Kombination von Kurzinterviews, Vorträgen und (Gruppen-) Übungen können einzelne Persönlichkeitsmerkmale der Dunklen Triade identifizieren. (Jacobs, 2022, S. 26). Beliebt ist die „Postkorb-Übung", die einen Einblick in die Stressresistenz, die Entscheidungsfähigkeit, die Arbeitsorganisation und die Konzentration eines Bewerbers ermöglicht während die ethische „Dilemma-Übung" die Bewerber mit einem Szenario konfrontiert, bei dem sie sich zwischen etischem Verhalten und dem kurzfristigen beruflichen Erfolg entscheiden müssen. (Jacobs, 2022, S. 27).

Personaler lehnen systematische Tests und hochstrukturierte Interviews oft ab und verlassen sich auf ihr Bauchgefühl und/oder ihre Erfahrung. Dies führt in der Regel zu Fehlentscheidungen und zur Einstellung von Bewerbern mit Persönlichkeitsmerkmalen der Dunklen Triade. (Jacobs, 2022, S. 25). Grund dafür ist „die Tendenz von Beobachtern, den Einfluss dispositionaler Faktoren auf das Verhalten anderer zu überschätzen und den Einfluss situativer Faktoren zu unterschätzen" (Attributionsfehler). (Kauffeld, Ianiro-Dahm & Sauer, 2019, S. 110).

Wird ein Bewerber eingestellt, ist im letzten Schritt immer eine Evaluation nötig, um nach einer gewissen Zeit die Soll-Leistung mit der Ist-Leistung abzugleichen. Nur so und mit regelmäßigen Feedbacks können unethische Persönlichkeitsmerkmale auffallen und das Unternehmen hat die Möglichkeit, sich vom Mitarbeiter zu trennen. (Jacobs, 2022, S. 22).

2.4.2 Persönlichkeitstests

Um Rückschlüsse auf Persönlichkeitsmerkmale der Dunklen Triade im Auswahlprozess zu erlangen, wurden verschiedene Persönlichkeitstest entwickelt. (Jacobs, S. 29-32). Mit dem TOP (Triad of Personality at Work) liegt in Deutschland ein normierter und validierter Fragebogen aus, der auch nichtlineare Zusammenhänge zur beruflichen Leistung überprüft und die Eigenschaften der Dunklen Triade in akzeptierter und rechtlich sicherer Form erfasst. (Mai, Büttgen & Schwarzinger, 2020, S. 138; Schmidt-Atzert, Krum & Amelang, 2021, S. 307). Die Items sind ausschließlich berufsbezogen; die Dimensionswerte werden als narzisstische, machiavellistische und psychopathischen Arbeitsstile bezeichnet. (Mai, Büttgen & Schwarzinger, 2020, S. 138).

Nach Externbrink & Keil (2018) lassen sich auch der „Short Dark Triad" und „Das dreckige Dutzend" für die anwendungsorientierte Forschung einsetzen. (S. 96). Bei allen Tests ist zu beachten, dass Menschen mit einer höheren Ausprägung von aversiven Persönlichkeitsmerkmalen die Neigung haben, Fragen zu negativ besetzten Eigenschaften sozialverträglich zu beantworten. (Krasko & Kaiser, 2023, S.10). Für Marcus (2003) ist diese Vermutung allerdings nicht nur auf Persönlichkeitstests beschränkt. (Marcus, 2003, S. 146).

Die Dunkle Triade der Persönlichkeit kann (bei geeignetem Verfahren und angemessenem Vorgehen) für die Personalarbeit verwendet werden. Zur Früherkennung problematischer Personen, bei der Karriereplanung, zur Berufsberatung oder im Rahmen von Coachingprozessen kann die Dunkle Triade der Persönlichkeit wichtige (Zusatz-) Hinweise liefern. (Schwarzinger, 2020, S. 179). Doch erhebt sie nicht den Anspruch, alle Bereiche der Persönlichkeit abzudecken, auch wenn sie viel spezifischer ist als die Big Five. Die Dunkle Triade bietet für verschiedene Fragestellungen ein Alternative bzw. eine Ergänzung. (Schmidt-Atzert, Krum & Amelang, 2021, S. 307).

Wird die Dunkle Triade in Zusammenhang mit dem Big Five gesehen, fällt auf, dass alle Komponenten der Dunklen Triade negativ mit der Dimension „Verträglichkeit" korrelieren. Bei den anderen Dimensionen der Big Five sind die Befunde unterschiedlich: Narzisstische Tendenzen zeigen sich in positiver Korrelation mit Extraversion; Psychopathie korreliert negativ mit Gewissenhaftigkeit; für Neurotizismus und Offenheit gibt es uneinheitliche Befunde. Intelligenz und Dunkle Triade stehen – laut Studien- in keinem Zusammenhang. (Externbrink & Keil, 2018, S. 16).

Hohe Werte im TOP stehen nicht automatisch für bessere berufliche Leistungen. Doch gibt es Zusammenhänge zwischen hohen Werten und den negativen Auswirkungen auf ein Unternehmen. Beruflicher Erfolg ist von vielen Rahmenbedingungen abhängig, die nicht in der Person selbst verankert sind. (Schwarzinger, 2020, S. 158).

3 Intelligenz

3.1 Begriffsbestimmung „Intelligenz"

„Intelligenz ist die Fähigkeit, intellektuelle Leistungen zu vollbringen." (Asendorpf, 2018, S. 119).

Doch sind sich Psychologen in einem Punkt einig: „Intelligenz ist ein Konstrukt und kein greifbares Objekt." (Myers, 2014, S. 400). Da die Definition von Intelligenz komplex ist, werden verschiedene Intelligenz-Theorien und Messmodelle unterschieden. (Bosley & Kasten, 2016, S. 6).

3.2 Begriffsbestimmung „Intelligenztest"

Intelligenztests haben die längste und erfolgreichste Geschichte aller psychologischer Testverfahren. (Asendorpf, 2018, S. 119). Sie treffen in den wichtigen Lebensbereichen gute Vorhersagen und liefern zeitstabile Kennwerte. (Schmidt-Atzert, Krumm & Amelang, 2021, S. 253).

Mit einem Intelligenztest können verschiedene Merkmalsbereiche getestet werden, wie z. B. logische Fähigkeiten, Zahlenverständnis, Konzentrationsfähigkeit, sprachliche Ausdrucksfähigkeit, Auffassungsgabe, Kenntnisse von unserer Kultur, Schul- und Allgemeinwissen. Meist werden IQ-Tests eingesetzt, um Leistungsdefizite festzustellen aber auch, um Erkenntnisse über den schulischen bzw. beruflichen Erfolg zu gewinnen. (Bosley & Kasten, 2016, S. 7). Definiert man den Begriff „Erfolg", zeichnen sich Intelligenztests durch eine gute Vorhersagekraft für schulische und berufliche Leistung aus. (Aspendorpf, 2018, S. 119, 129).

Nach methodischen und mathematisch-statistischen Überlegungen werden IQ-Tests in aufwändigen Verfahren erstellt. Auf Basis des jeweiligen Kulturkreises und dessen Basiswissen, werden Aufgaben ausgewählt, die die unterschiedlichen Bereiche der Intelligenz messen sollen. Testbedingungen, wie Testanweisung, Zeitvorgabe und Auswertungsrichtlinien, werden unter Berücksichtigung der Gütekriterien Objektivität, Reliabilität und Validität genau definiert. (Bosley & Kasten, 2016, S. 7).

Die Normierung ist bei der Entwicklung von Intelligenztests unabdingbar: Intelligenz folgt dem Gaußschen Gesetz der Normalverteilung (Glockenkurve) und ist im Bevölkerungsschnitt nicht gleichmäßig verteilt. Bei einem Mittelwert von 100 haben 95%

der Bevölkerung einen IQ von 70-130 (2/3 zwischen 85-115). Nur wenige Menschen (ca. 2%) haben einen sehr niedrigen (unter 70) bzw. einen sehr hohen Wert (über 130).

Bei hohen geistigen Anforderungen ist es Menschen mit niedrigem IQ nicht möglich, durch Ausdauer oder Fleiß Erfolge zu erzielen. Doch garantiert Intelligenz allein nicht den beruflichen Erfolg und Karriere. Es bedarf zusätzlich Selbstdisziplin, Motivation, Kreativität, sympathisches und sicheres Auftreten. (Bosley & Kasten, 2016, S. 9).

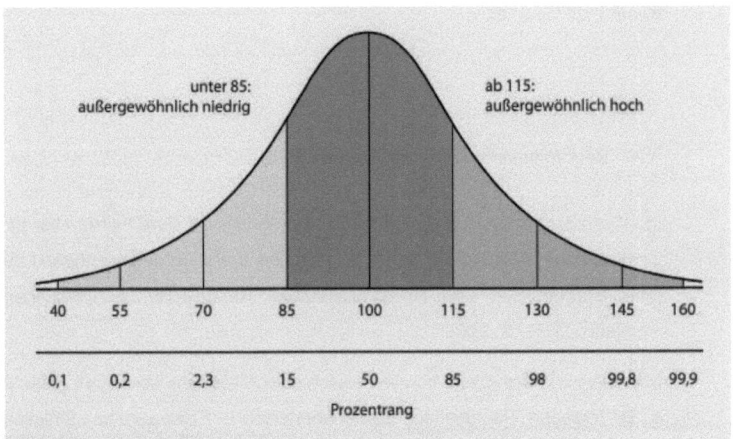

Abb. 5: Normalverteilung des Intelligenzquotienten. (Bosley & Kasten, 2016, S. 8).

3.3 Modelle der Intelligenz
3.3.1 Zwei-Faktoren-Theorie der Intelligenz nach Spearman

Der britische Psychologie Charles Spearman (1863-1945) nahm mit dem Generalfaktor (g-Faktor) eine „allgemeine Intelligenz" des Menschen an, die die Basis des gesamten intelligenten Verhaltens bildet. Er schuf damit eines der einflussreichsten Intelligenzmodelle. (Becker & Zwank, 2021, S. 85-86; Bosley & Kasten, 2016, S. 10).

Spearmans Beobachtungen an Schulen ergaben, dass es Kinder gibt, die in allen Unterrichtsfächern gute Leistungen zeigten; andere Kinder waren in allen Fächern weniger erfolgreich. Spearman schloss daraus, dass es eine allgemeine „kognitive Kraft" geben könnte, die die generelle Leistungsfähigkeit der Kinder bestimmt. Mit der Faktorenanalyse untersuchte er den Zusammenhang verschiedener Intelligenztests und fand heraus, dass die Leistungen der Testpersonen mit jeweils anderen Intelligenztests hoch mit einander korrelierten. Spearman nahm eine allgemeine Basis der Intelligenz an und nannte sie „g-Faktor" oder „Generalfaktor der Intelligenz". (Gerrig, Dörfler, Roos, 2018, S. 339-340).

Spearman räumte ein, dass es außer dem „g-Faktor" noch spezifischere Begabungsfaktoren geben musste, die zur Bewältigung von Testaufgaben erforderlich sind und die unterschiedlich groß sein können. Er nannte diese Fähigkeiten „s-Faktor". „s-Faktoren" oder „spezifische Begabungsfaktoren" sind bereichsspezifische, voneinander unabhängige Faktoren, wie beispielsweise die sprachliche Intelligenz, das räumliche Vorstellungsvermögen oder die mathematische Intelligenz. Somit hängen die Leistung in einem bestimmten Test immer von der allgemeinen Intelligenz aber auch von bereichsspezifischen Fähigkeiten ab. Spearman hoffte, mit der Entdeckung des g-Faktors, die Psychologie als eine Wissenschaft der Kognition neben exakten Wissenschaften etablieren zu können. (Becker & Zwank, 2021, S. 86; Bosley & Kasten, 2016, S. 10; Gerrig, Dörfler, Roos, 2018, S. 339-340).

Anmerkung der Redaktion: Die Abbildung wurde aus urheberrechtlichen Gründen entfernt.

Abb. 6: Zwei-Faktoren-Theorie der Intelligenz nach Spearman. (Teachsam, 2023).

Die Zwei-Faktoren-Theorie nach Spearman findet noch heute Anwendung in verschiedenen IQ-Tests wie z. B. dem Hamburg-Wechsler-Intelligenztest für Kinder (HAWIK) oder dem WISC-IV. (Bosley & Kasten, 2016, S. 10). In diesen Tests ist am Ende die Berechnung eines Intelligenzquotienten möglich, der im Faktor g die allgemeine Intelligenz abbildet. Eine Leistungskurve für die einzelnen Teilbereiche gibt es nicht. (Becker & Zwank, 2021, S. 86; Bosley & Kasten, 2016, S. 10).

Nach Rost (2009) stimmen führende Intelligenzforscher überein, dass die generelle Intelligenz g mit Hilfe gängiger IQ-Tests objektiv, reliabel und valide gemessen werden kann. (S. 218.). Der „IQ" hat im Vergleich mit Persönlichkeitsvariablen und motivalen Indikatoren eine große Aussagekraft bezüglich der Leistungen diverser Unterrichtsfächer. Er korreliert positiv mit Lebenserfolg wie Einkommen, Lebenszufriedenheit und sozialem Status. Negativ korreliert der „IQ" mit beispielsweise Schulabbruch, Arbeitslosigkeit, Armut oder Kriminalität. (Rost, 2009, S. 218). Für Rost (2009) sind Intelligenztest zur Personalauslese bei kognitiv anspruchsvollen Berufen „erste Wahl". (S. 218). Andere Methoden zur Personalauswahl wie Einstellungsinterviews oder Assessment-Center können die Aufklärung der Berufsvarianz um einen kleinen Beitrag steigern. (Rost, 2009, S. 218).

3.3.2 Theorie der „Multiplen Intelligenzen" nach Howard Gardner

Howard Gardner (*1943) entwickelte ein phänomenologisches System menschlicher Intelligenzbereiche und wandte sich von der klassischen Intelligenzmessung ab. Für ihn ist Intelligenz sehr viel mehr als das, was man in einem Test erfassen kann. Er definierte in seiner Theorie der „Multiplen Intelligenzen" („MI") acht menschliche Intelligenzarten. (Bosley & Kasten, 2016, S. 15; Wikipedia, 2023). Für Gardner waren nicht alle dieser Intelligenzen messbar und in jedem Menschen unterschiedlich stark angelegt. (Bosley & Kasten, 2016, S. 15; Stemmler, Hagemann, Amelang & Spinath, 2016, S. 225; Wikipedia, 2023):

Gardner versteht unter der sprachlichen Intelligenz die Sensibilität für Sprache in gesprochener oder schriftlicher Form und die Fähigkeit, Sprache treffsicher einzusetzen, um beispielsweise die eigenen Gedanken auszudrücken. Die musikalische Intelligenz befähigt Menschen, Musik zu komponieren und auszuführen. Die Menschen haben ein besonderes Gespür für Rhythmik, musikalische Prinzipien und Klang und oft ein besonderes Gehör dafür. Logisch-mathematisch intelligente Menschen haben ein hohes

Verständnis von Zahlen, Mengen und mathematischen Operationen. Ihnen fällt es leicht, Ähnlichkeiten zwischen Dingen zu erkennen und Probleme zu analysieren. Gerne untersuchen sie wissenschaftliche Fragestellungen. Menschen mit räumlicher Intelligenz haben ein hohes theoretisches und praktisches Verständnis von Strukturen großer Räume und nehmen diese akkurat wahr. Die körperlich-kinästhetische Intelligenz bezieht sich auf die Fähigkeit, den eigenen Körper koordinieren, zu kontrollieren und zu beherrschen. Menschen mit hoher intrapersonaler Intelligenz gelingt es leicht, Impulse zu kontrollieren, ihre eigenen Grenzen zu kennen und klug mit den eigenen Gefühlen umzugehen. Sie kommen ihrem Inneren sehr nahe, entwickeln ein realistisches Bild ihrer selbst mit ihren Ängsten, Wünschen und Fähigkeiten. Die intrapersonale Intelligenz ist der innerpsychische Gegenpol zur interpersonalen Intelligenz. Die interpersonale Intelligenz ist die Fähigkeit der Empathie, dem Verstehen anderer und der einfühlsamen Kommunikation. Menschen mit hoher interpersonaler Intelligenz können Stimmungen und Temperamente andere Menschen verstehen. Menschen mit naturalistischer Intelligenz gelingt es, durch ihre Sensibilität für Naturphänomene, leicht, Lebendiges zu beobachten und naturkundliche Gesetzmäßigkeiten und umweltbezogene Zusammenhänge zu erkennen. Existenzielle Intelligenz als ergänzende neunte Intelligenzart ist die potentielle Intelligenz, grundlegende Fragen der Existenz zu erfassen und zu durchdenken. Die Intelligenzart sublimiert die Sensibilität für menschliche Grund- und Grenzfragen, setzt sich mit der Rolle des Lebens, der Liebe und des Todes auseinander. Gardner spricht von einer Lebensintelligenz. (Becker & Zwank, 2021, S. 93-94; Bosley & Kasten, 2016, S. 15).

Anmerkung der Redaktion: Die Abbildung wurde aus urheberrechtlichen Gründen entfernt.

Abb. 7: Intelligenzmodell nach Gardner. (Bing, 2023).

Gardner schließt bei seinem Modell nicht-kognitive Aspekte mit ein und begreift Intelligenz, die sich ein Leben lang entwickelt als einen dynamischen Prozess. Individuen besitzen die „MI" in unterschiedlichem Maß und in spezieller Kombination der einzelnen Module. (Becker & Zwank, 2021, S. 92). Für Anhänger Gardners sind die unterschiedlichen Entwicklungsverläufe „der" Intelligenz ein wichtiges Argument gegen den g-Faktor Spearmans. (Süß, 2003, S. 219). Spearman postuliert, dass sein Intelligenz-Modell aus den Einsichten in die Arbeitsweise des menschlichen Gehirns entstanden ist. Er geht davon aus, dass sich jede der „MI" neuronalen Prozessen zuordnen lässt. Zudem ordnet er die „MI" unterschiedlichen Berufsgruppen zu, verweist aber auf elementar wichtige Umwelteinflüsse, um bessere Leistungen zu erzielen. (Becker & Zwank, 2021, S. 92, 95).

Anmerkung der Redaktion: Die Abbildung wurde aus urheberrechtlichen Gründen entfernt.

Abb. 8: Die „Multiplen Intelligenzen" und ihre möglichen Berufe. (Ronaldoaditean (2023).

Gardners Theorie wurde auf der einen Seite begrüßt, weil „Menschen sich in Bereichen hervortun können, die vom traditionellen Intelligenzverständnis schlichtweg nicht berücksichtigt werden"; auf der anderen Seite wurden kritische Stimmen laut. (Gerrig, Dörfler & Roos, 2018, S. 346).

Rost (2009) kritisiert Gardners Intelligenzmodell: Gardner verschweige, dass die „klassischen Intelligenztheorien" bereits einige seiner „MI" thematisiert und erforscht haben. Gardners Kriterien zur Deduktion einzelner „MI" sein rational, doch würden sie sich nicht dazu eignen, die Existenz von „MI" empirisch zu belegen. Für Rost ergibt sich außerdem die Frage, wie sinnvoll es ist, dass gerade die von Gardner definierten „MI" als *der* Maßstab zur Bestimmung eigenständiger und voneinander unabhängiger „Intelligenzen" sein soll. (S. 94-95). Die „MI" würden zum Teil sehr stark miteinander korrelierten, wären hierarchisch geordnet, mit dem Faktor g gesättigt und nicht unabhängig voneinander. (Gerrig, Dörfler & Roos, 2018, S. 346; Rauthmann, 2017, S. 207; Rost, 2009, S. 95-96). Garner werte den IQ ab, indem er seine Aussagekraft bezüglich Ausbildungs-, Berufs- und Lebenserfolgs in Frage stelle (Rost, 2009, S. 96) und er hätte es gut verstanden, seine Ideen zu popularisieren, doch gäbe es bis heute nur unterentwickelte Versuche, die „MI" anhand der Gütekriterien zu messen. (Rauthmann, 2017, S. 207; Rost, 2009, S. 97-98). In einer der seltenen psychometrischen Studien sind die „MI" von g abhängig und bilden Intelligenz nur unzureichend ab. Die Validität ist nicht gegeben. (Gerrig, Dörfler & Roos, 2018, S. 346; Rost, 2009, S. 103). Für Rauthmann (2017) sind die nicht-kognitiven „Intelligenzen" zu weit gefasst und nicht greifbar. Seiner Meinung nach handelt es sich bei den „MI" nicht um intelligente Fähigkeiten sondern um Persönlichkeitsmerkmale. (S. 207).

Anwendung findet Gardeners Intelligenzmodell in den IQ-Tests WISC-IV (Wechsler Intelligence Scale for Children) und WIT-2 (Wilde-Intelligenz-Test 2). (Bosley & Kasten, 2016, S.15, 116-117). Der WISC-IV besteht aus 15 Untertests (davon 5 optional) und erfasst allgemeine und spezifische intellektuelle Fähigkeiten. (Bosley & Kasten, 2016, S. 116). Der WIT-2 mit 11 Untertests hat nach Bosley & Kasten (2016) eine hohe Treffsicherheit bezüglich Leistungsvorhersagen in Schule, Ausbildung, Studium und Beruf. (Bosley & Kasten, 2016, S. 117).

3.4 Nützlichkeit eines Intelligenztests bei der Entscheidung über eine geeignete Schule bei Minderbegabung

Der kleine Max ist 9 Jahre alt und besucht eine staatliche Grundschule. Er ist zart gebaut, spielt gut und gerne Fußball und ist bei seinen Klassenkameraden sehr beliebt. Er ist lustig, hat pfiffige Ideen und ist am liebsten draußen. Doch zeigt Max in der Schule sehr schlechte Leistungen. In Mathematik und Deutsch kann er dem Unterrichtsstoff kaum folgen. In Fächern, in denen man wenig lernen muss, wie Religion, Bildende Kunst oder Musik zeigt er mittelmäßige Leistungen. In Sport hat er eine glatte Eins.

Für Max wird bald die Zeit in der verpflichtenden Grundschule enden, wenn er die vierte Klasse beendet hat. Seine Eltern erkennen die Schulschwierigkeiten und möchten für ihren Sohn eine passende Schule finden. Für sie ist wichtig, dass Max nicht nur gut gefördert wird, sondern, dass er auch Spaß am Lernen hat und in seine Begabungen anerkannt werden. Max wird dem Schularzt und dem Schulpsychologen vorgestellt.

Die Mutter gibt an, dass es bei der Geburt von Max zu Komplikationen gekommen ist und das kleine Gehirn mit Sauerstoff unterversorgt war. Max hätte sich im Vergleich zu seinen älteren Geschwistern und anderen Kindern kognitiv langsamer entwickelt. Motorisch waren keine Einschränkungen zu erkennen.

Mit einem standardisierten Intelligenztest wurde bei Max ein „IQ" von 82 festgestellt. Dieser lässt eine Minderbegabung mit Lernbehinderung vermuten. Unter einer Intelligenzminderung verstehen Bosley & Kasten (2016) „eine sich in der Entwicklung manifestierende, stehengebliebene oder unvollständige Entwicklung der geistigen Fähigkeiten, mit besonderer Beeinträchtigung von Fertigkeiten, die zum Intelligenzniveau beitragen, wie z. B. Kognition, Sprache, motorische und soziale Fähigkeiten." (S. 23). Im Gegensatz zur Hochbegabung wird die Minderbegabung als Störung definiert, die im ICD-10 („Internationalen Klassifikation psychischer Störungen") erfasst ist. Eine Minderbegabung kann ohne oder zusammen mit anderen psychischen Erkrankungen auftreten. (Bosley & Kasten, 2016, S. 24). Der ICD-10 gibt folgende Merkmale der Minderbegabung an: verzögerter aber ausreichender Spracherwerb; volle Unabhängigkeit in der Selbstversorgung in vermindertem Tempo; Probleme beim Lesen und Schreiben. Minderbegabte Menschen können bei entsprechender Förderung einem (Ausbildungs-)Beruf nachgehen, eine Ehe schließen und eine Familie gründen. (Weltgesundheitsorganisation, 1999, S. 256).

Bei Max liegen laut des Psychologen keine psychischen Erkrankungen vor, sodass dem Besuch einer Regelschule nichts entgegensteht. Max´ Eltern wägen ihre Entscheidung sorgfältig ab, indem sie den „IQ"-Wert und Max´ Persönlichkeitsmerkmale mit einbeziehen. Mit dem Psychologen sprechen sie über ihre Befürchtungen, Max könnte durch den Besuch einer Sonderschule für Lernbehinderte stigmatisiert werden. Sie überlegen, ob nicht eine höhere Schulart – die Hauptschule – sinnvoller wäre. Sie entscheiden sich letztendlich für den Besuch einer Sonderschule für Lernbehinderte, die es Max ermöglicht mit Freude zu Lernen und genügend Freizeit für sein Hobby Fußballspielen bietet.

Literaturverzeichnis

Andresen, B. & Beauducel, A. (2008). Neo-Persönlichkeitsinventar nach Costa und McCrae, revidierte Fassung (NEO-PI-R) (report psychologie, 11/12, S. 543-544).

Asendorpf, J. (2018). Persönlichkeit. Berlin: Springer.

Asendorpf, J. (2019). Persönlichkeitspsychologie für Bachelor. (4. Aufl.). Berlin: Springer.

Becker, B. & Zwank, J. (2021). Grundlagen der Differenziellen und Persönlichkeitspsychologie (2. Aufl.). Riedlingen: SRH Fernhochschule The Mobile University.

Becker, P. (2003a). Persönlichkeitsdimensionen. In: Klaus D. Kubinger & Reinhold S. Jäger *Schlüsselbegriffe der Psychologischen Diagnostik*. (1. Aufl.). (S. 325-331). Weinheim: Beltz PVU.

Becker, P. (2003b). Persönlichkeitsfragebogen. In: Klaus D. Kubinger & Reinhold S. Jäger *Schlüsselbegriffe der Psychologischen Diagnostik*. (1. Aufl.). (S. 332-337). Weinheim: Beltz PVU.

Bing (2023). Intelligenzmodell Gardner. Zugriff am 29.06.2023. Verfügbar unter: https://www.bing.com/images/search?view=detailV2&ccid=nhDVzFhH&id=258C27A3F4FF5AE41D1970684F9D7D2FF06D6401&thid=OIP.nhDVzFhH55oOnFFAqYAIOwHaEo&mediaurl=https%3A%2F%2Fstatic.az-cdn.ch%2F__ip%2FcsArUzRQSfN1uJ9e_52EJmOcZRE%2Fa5f80c4910e9253b23244d7d7d13fdb04c8699bc%2Fremote.adjust.rotate%3D0%26remote.size.w%3D1440%26remote.size.h%3D900%26local.crop.h%3D900%26local.crop.w%3D1440%26local.crop.x%3D0%26local.crop.y%3D0%26r%3D0%26focus.x%3D720%26focus.y%3D450%2Cn-wide2x-16x9-fill&cdnurl=https%3A%2F%2Fth.bing.com%2Fth%2Fid%2FR.9e10d5cc5847e79a0e9c5140a980083b%3Frik%3DAWRt8C99nU9ocA%26pid%3DImgRaw%26r%3D0&exph=900&expw=1440&q=intelligenzmodell+gardner+deutsch&form=IRPRST&ck=3DB9677D3D2FBF66ECCEA0A59AE382F1&selectedindex=1&ajaxhist=0&ajaxserp=0&vt=0&sim=11

Bosley, I. & Kasten, E. (2016). Intelligenz testen und fördern. Berlin: Springer.

Externbrink, K. & Keil, M. (2018). Narzissmus, Machiavellismus und Psychopathie in Organisationen. Wiesbaden: Springer.

Finckler, P. (2017). Transformationale Führung. Berlin: Springer.

Gay, F. (2016). DISG-Persönlichkeits-Profil. (20. Aufl.). Offenbach: Gabal.

Gerrig, R.J., Dörfler, T. & Roos, Jeanette (Hrsg.). (2018). Psychologie (21. Aufl.). München: Pearson.

Hossiep, R. & Mühlhaus, O. (2005). Personalauswahl und -entwicklung mit Persönlichkeitstest. Göttingen: Hogrefe.

Jacobs, Melina (2022). Ethische Personalauswahl in der Praxis. Hamburg: Disserta Verlag.

Jung, H. (2014). Persönlichkeitstypologie. (4. Auf.). München: Odenbourg Wissenschaftsverlag.

Kanning, U. (2019). Managementfehler und Managerscheitern. Berlin: Springer.

Kauffeld, S., Ianiro-Dahm, P. & Sauer, N. (2019). In: Simone Kauffeld (Hrsg.) *Arbeits-, Organisations- und Personalpsychologie für Bachelor*. (3. Aufl.). Berlin: Springer.

Kleinhenz, S. (2016) Die dunkle Seite der Macht. Wiesbaden: Springer.

Krasko, J. & Kaiser, T. (2023). Die Dunkle Triade in einer deutschen repräsentativen Stichprobe Faktorstruktur, Messinvarianz und Normwerte der Niederträchtigen Neun. Diagnostica. 69/1. S. 1-13. Verfügbar unter: https://doi.org/10.1026/0012-1924/a000292.

Kraus, R. & Kreitenweis, T. (2020). Führung messen. Berlin: Springer.

Kruse, S. (2016). Die Dunkle Triade im Dienstleistungskontext. Wiesbaden: Springer Gabler.

Laux, L. & Renner, K.H. (2015). Persönlichkeitspsychologie. In: A. Schütz (Hrsg.). *Psychologie*. (5. Aufl.) Stuttgart: Kohlhammer.

Mai, C., Büttgen, M. & Schwarzinger, D. (2020). Erratum zu: „Think-Manager-Consider-Female". Schmalenbachs Zeitschrift für betriebswirtschaftliche Forschung. 72, S. 275–277.

Marcus, B. (2003). Persönlichkeitstests in der Personalauswahl: Sind „sozial erwünschte" Antworten wirklich nicht wünschenswert? Zeitschrift für Psychologie, 211 (3), S. 138–148. DOI: 10.1026//0044-3409.211.3.138.

Marquardt, C. (2020). Personalkompetenz. Wiesbaden: Springer.

Myers, D.G. (2014). Intelligenz. In: David G. Myers *Psychologie*. (3. Aufl.). Berlin: Springer. (S. 399-436).

Neyer, F. J. & Asendorpf, J. B. (2018) Psychologie der Persönlichkeit. (6. Auf.). Berlin: Springer.

Rauthmann, J.F. (2017). Persönlichkeitspsychologie. Berlin: Springer.

Reinhardt, R. & Ornau, F. (2021). Grundlagen der empirischen Sozialforschung (4. Aufl.) Riedlingen: SRH Fernhochschule The Mobile University.

Ronaldoaditean (2023). Multiple Intelligenzen und ihre Berufe. Abrufdatum: 29.06.2023. Verfügbar unter: https://ronaldoaditean.blogspot.com/2018/11/artificial-neural-network-artificial-ann.html

Rost, D. H. (2009). Intelligenz. (1. Aufl.). Weinheim: Beltz.

Schiemann, J. & Jonas, E. (2020). Streben nach Macht fern von Ethik. Organisationsberatung, Supervision, Coaching. 27. S. 251-263.

Schmidt-Atzert, L., Krumm, S. & Amelang, M. (2021). Diagnostische Verfahren. In: Lothar Schmidt Atzert, Stefan Krumm & Manfred Amelang (Hrsg.), *Psychologische Diagnostik*. (S. 209-476). Berlin: Springer.

Schuler, H. (2014). Psychologische Personalauswahl. Göttingen: Hogrefe.

Schwarzinger, Dominik (2020). Die dunkle Triade der Persönlichkeit in der Personalwahl. (1. Aufl.). Göttingen: Hogrefe.

Stemmler, G., Hagemann, D., Amelang, M. & Spinath, F.M. (2016). Differentielle Psychologie. (8. Aufl.). Stuttgart: Kohlhammer.

Süß, H.-M. (2003). Intelligenztheorien. In: Klaus D. Kubinger & Reinhold S. Jäger *Schlüsselbegriffe der Psychologischen Diagnostik*. (1. Aufl.). (S. 217-224). Weinheim: Beltz PVU.

Teachsam. (2023). Zwei-Faktoren-Theorie der Intelligenz. Abrufdatum: 29.06.2023. Verfügbar unter: https://www.teachsam.de/pro/pro_lernlern/intelligenz/pro_lernlern_intelli_3_2_2.htm

Weltgesundheitsorganisation (1999). Internationale Klassifikation psychischer Störungen: ICD-10 Kapitel V (F) Klinisch-diagnostische Leitlinien. (3. Aufl.) Bern: Huber.

Wienkamp, H. (2021). Psychologische Anforderungsanalysen. Berlin: Springer.

Wikipedia (2023). Howard Gardner. Zugriff am 28.06.2023. Verfügbar unter: https://de.wikipedia.org/wiki/Howard_Gardner.